*Meditando
com os Anjos II*

Meditando com os Anjos II

Texto: Sônia Café
Ilustrações: Neide Innecco

Editora
Pensamento
SÃO PAULO

Copyright do texto © 2002 Sônia Café.

Copyright © 2002 Editora Pensamento-Cultrix Ltda.

Copyright das ilustrações © 2002 Neide Innecco.

1ª edição 2002.
13ª reimpressão 2024.

Todos os direitos reservados. Nenhuma parte deste livro pode ser reproduzida ou usada de qualquer forma ou por qualquer meio, eletrônico ou mecânico, inclusive fotocópias, gravações ou sistema de armazenamento em banco de dados, sem permissão por escrito, exceto nos casos de trechos curtos citados em resenhas críticas ou artigos de revistas.

Direitos reservados
EDITORA PENSAMENTO-CULTRIX LTDA.
Rua Dr. Mário Vicente, 368 – 04270-000 – São Paulo, SP
Fone: (11) 2066-9000
http://www.editorapensamento.com.br
E-mail: atendimento@editorapensamento.com.br
Foi feito o depósito legal.

AGRADECIMENTOS

Este pequeno livro surge 10 anos após o primeiro *Meditando com o Anjos* ter sido publicado. Nesse período, os Anjos chegaram perto do coração de muitas pessoas. Agora eles estão de volta, num segundo volume que pretende seguir o mesmo caminho do primeiro: convidar as mentes humanas a seguir o fervor do coração.

Numa época em que a necessidade de aprender nunca foi tão grande e um aprofundamento maior se faz necessário, os Anjos regressam como parceiros indispensáveis nessa nossa jornada de autoconhecimento. Agora, eles trazem novas qualidades e significados que sempre alegram e vivificam a nossa ligação com a Alma.

Nosso constante louvor e eterna gratidão aos Anjos de Deus, por dádivas preciosas e abundantes em nossas vidas.

Nossa gratidão eterna aos milhares de pessoas que confiaram na presença dos Anjos e seguiram o fervor de seus corações, dando o testemunho disso por intermédio do *Meditando com os Anjos*.

Que o nosso triunfo maior seja o de saber amar como Deus e os Seus Anjos nos amam.

COMO USAR ESTE LIVRO

Como aconteceu com o *Meditando com os Anjos*, o propósito deste pequeno livro permanece o mesmo: o de inspirá-lo a contatar-se com o Reino Angélico, convidando os Anjos a participar da sua vida. Eles surgem agora com 64 novas qualidades e continuam a ser representados por palavras-chave que podem preencher de significado uma indagação ou um instante de escuta interior. Os Anjos que aqui estão representados podem dar o testemunho de que você está mais próximo de Deus do que imagina. Basta pedir, e verá que algo lhe será dado. Basta indagar, e verá que algo acontece para preencher de sentido o vazio de suas indagações.

A meditação é uma grande aliada no processo de ir ao encontro da sua Essência Divina. Quando você se aquieta e volta a sua atenção para dentro de si mesmo, um universo de potencialidades se revela. Nesse instante, você pode pedir que um Anjo venha ao seu encontro e, ao abrir este livro, você poderá encontrar uma palavra amiga ou uma inspiração que o oriente.

A presença do Anjo com a sua palavra-chave poderá expandir a sua compreensão. O pequeno texto poderá levá-lo a meditar e a refletir sobre esse seu instante de vida, ou revelar novos ângulos de uma situação que você decidiu enfocar nesse momento. A afirmação, com pensamentos e idéias positivas, quando repetida, poderá se transformar num apoio e reforço efetivo de atitudes e qualidades que você quer manifestar.

O amor e a sabedoria de sua Alma já se encontram dentro de

você mesmo. Permita que este pequeno livro seja um aliado no processo de torná-los cada vez mais presentes em sua vida. Os Anjos de Deus são parceiros invisíveis que fazem chegar à sua consciência o que de melhor você traz na sua Alma.

OS ANJOS

Ao se comunicarem diretamente com os nossos corações, os Anjos nos levam a fazer contato com a capacidade que temos de estar eternizados no presente de cada momento. Quando o passado ou o futuro nos desviam a atenção com pensamentos e lembranças que não são mais necessários, eis um momento propício para invocar o Reino Angélico. Os Anjos nos levam a perceber que, qualquer que seja a situação em que nos encontremos, ela só poderá ser vista e vivida com os elementos que estão presentes, nesse instante de nossas vidas. Não podemos voltar fisicamente ao passado, nem ir para o dia de amanhã. Com o apoio dos Anjos, tudo pode seguir um novo rumo, *agora*.

Como "habitantes" das dimensões celestiais, os Anjos querem que nos lembremos de que não existe um Céu fora de nossa própria consciência, nem separado da Terra onde vivemos a experiência de sermos humanos e divinos. As mensagens que eles fazem chegar até nós viajam na velocidade da luz em que habitam e iluminam o nosso pensamento, a nossa intuição e a nossa sensibilidade. Os conteúdos e significados de suas mensagens nos protegem e nos orientam para seguir a melhor direção *"no presente momento"*, sem medo de ser quem somos.

Os Anjos de Deus estão sempre prontos a nos ajudar a transmutar as vibrações de medo e a dissolver os conceitos cristalizados que nos impedem de sermos humana e divinamente felizes. Meditar com os Anjos é seguir na direção dessas promessas.

O ANJO DA OPORTUNIDADE

Quando a oportunidade chega, não deve ser desperdiçada. Esse é o momento de lançar o barco, pois a maré é propícia para navegar e chegar ao destino que nos aguarda. Se a maré passa, perde-se a vez. O momento da oportunidade é único — é um oferecimento natural das leis divinas, para que o instante seja perfeito e a fluência da vida não tenha impedimentos. Eis uma boa hora para avançar e progredir.

Estou sempre atento às oportunidades que a vida me oferece.

– 17 –

O ANJO DO SUCESSO

O sucesso é o presente dado aos que seguem a inspiração divina. E, assim, herdam diretamente, de sua filiação celestial, o direito de alcançar os objetivos almejados. Os bem-sucedidos são os que recebem diretamente da Alma a orientação a ser seguida, a visão ampla e integral de sua condição humana e divina, nesse instante. São aqueles que sabem apreciar e agradecer as dádivas da vida. Sempre que nos permitimos ser reconhecidos pela nossa verdadeira filiação e herança, o sucesso acontece.

O sucesso na minha vida
é resultante da sintonia
com a minha Alma.

O ANJO DA DECISÃO

Quando o Anjo da Decisão se apresenta, as dúvidas desaparecem, as muitas opções se resolvem por uma única e direcionada escolha. A decisão corta o cordão umbilical que finalmente separa a mãe do filho e lhe doa nova vida, novo alento. Nasce uma nova pessoa e num novo estado de prontidão. Decidir é o mesmo que seguir em frente, sem o menor perigo de virar uma estátua de sal.

A capacidade de tomar decisões é um dom inerente ao meu ser.

O ANJO DA NOITE

O Anjo da Noite convida ao repouso os olhos que fitam um único sol e aponta na direção das muitas estrelas. O nosso Sol particular, que gira em torno da Terra, foi fazer o dia em outro lugar, para que vejamos as incontáveis possibilidades, espalhadas pelo Cosmos infinito de Deus. Como somos muito pequeninos, podemos dormir e repousar diante dessa grandiosidade. Ele vela para que estejamos protegidos na nossa vulnerabilidade e nada temamos. Relaxemos no colo do Anjo da Noite.

A Luz de minha Alma ilumina
a noite escura.

O ANJO DA MANHÃ

O Anjo da Manhã brilha com o Sol central, aquele que dá vida em abundância para todos os seres da Terra. É hora de despertar para um novo dia, sentindo um novo começo, convidando o desenvolvimento de uma visão pura. A nova Luz, o novo brilho, renovados todos os dias, anunciam que é hora de começar a descobrir as promessas que chegam com o frescor da manhã. Inauguremos o nosso dia com o Anjo da Manhã, respirando forte, saudando a nossa Estrela. Que seja muito bom o nosso dia!

No meu peito brilha o Sol interior
que ilumina o meu dia.

O ANJO DA PALAVRA CORRETA

Quando a palavra correta é dita, todos os que a ouvem compreendem a mensagem. O verbo encarna o significado eterno e tudo soa e vibra com o poder da verdade que deleita o coração de quem escuta. A boa nova é compreendida por todos e o seu significado é um presente compartilhado. A palavra correta acende a luz num quarto escuro — tudo que precisa ser visto e compreendido se apresenta, sem desperdícios e com precisão.

A minha voz soa a palavra correta e sou amorosamente compreendido.

O ANJO DA AÇÃO CORRETA

A ação correta é aquela que flui em sintonia com os motivos da Alma. Como uma folha que se desprende da árvore, a flor que desabrocha e o fruto que amadurece, o agir correto segue o caminho de menor resistência, naturalmente, livre de fórmulas rígidas e impostas pela vontade humana. Agir corretamente é dissolver a ilusão de que a Vida pode ser controlada, prevista e agendada. Tudo é movimento, fluência e mutação na vida de quem age corretamente.

Não faço aos outros aquilo que não quero para mim mesmo.

O ANJO DO VIVER CORRETO

O viver correto produz harmonia, alegria, cooperação e paz de espírito. Mesmo que não seja possível saber as conseqüências de nossas ações e escolhas, podemos escolher fazer o que nos desperta definitivamente. Cada vez mais, nossa unidade e interdependência com tudo o que vive e vibra passa a ser da maior importância. Nossas ações para manifestar o que sustenta o nosso viver serão tão corretas quanto a capacidade de curar o impacto da nossa presença.

Meu sentimento de unidade
com a Vida torna o
meu viver correto.

O ANJO DA PERCEPÇÃO CORRETA

Perceber com clareza é o mesmo que ter a visão iluminada pela Luz da Alma. Podemos ficar livres da ignorância e ver corretamente quem somos. Sem omitir nada, sem reter nada, simplesmente fluiremos com a impermanência de cada momento, transformando-nos em testemunhas atentas desse dinamismo. Ver *"aquilo que é"*, com os olhos da Alma, é estar livre da ignorância e ir ao encontro das alegrias da vida, na certeza de que não se perdeu nada.

Percebo corretamente, com fluidez e flexibilidade, cada instante da vida.

O ANJO DA CONCÓRDIA

Se a inteligência do coração vibra em nós quando fazemos acordos, criamos a harmonia que todos podem ouvir, como música celestial tocando em nossos ouvidos. Ao fazer qualquer tarefa, dando prioridade ao que o coração quer expressar, trazemos a vibração da concórdia para o centro da vida. Acordos harmônicos e sustentáveis só podem existir quando o amor vibra no coração e inspira o ritmo e o compasso da dança entre o ser humano e o ser divino em cada um.

Expresso-me segundo um acordo firmado com o amor no meu coração.

O ANJO DO DESTINO

Há sempre uma direção a ser seguida, um caminho a ser percorrido para que conheçamos o destino para o qual tudo é criado. O padrão perfeito de nossa vida existe e está sempre disponível para ser encontrado. O caminho é o destino, o destino é o caminho. Tudo conspira a nosso favor quando prestamos atenção ao que a Alma diz e nos dispomos a cumprir a nossa palavra. O nosso destino é viver em eterna sintonia com o amor de Deus.

Sigo o destino desenhado
pelo Amor em mim.

O ANJO DA ESCUTA

Tudo vibra no universo de Deus; tudo canta uma canção que pode ser ouvida como a sua verdade. E, por causa disso, tudo pede para ser ouvido com o cuidado e a atenção que merecem. Para se ouvir bem é preciso silenciar inteiramente os ruídos da crítica e de julgamentos precipitados, criados no bojo de uma mente ruidosa. Quem ouve bem, ouve a verdade do que está sendo comunicado e se une a isso para criar o entendimento justo e necessário.

Ouço, com a atenção que minha Alma inspira, o canto de cada ser.

O ANJO DA MAGIA

Quanto mais nos sintonizarmos com a sabedoria da Alma, mais compreenderemos a magia oculta em cada ser e evento da vida. Ao compreender verdadeiramente, vamos querer prestar homenagem ao Amor nascido na caverna do nosso coração. Agiremos como um rei mago, ou uma rainha consciente de sua magia, levando os presentes ao que acaba de nascer. Essa é a mais elevada magia que você pode conhecer — a capacidade de amar a Deus e ao próximo como a si mesmo.

O amor é a minha varinha de condão; meu toque mágico que a tudo cura e transforma.

O ANJO DA CONTEMPLAÇÃO

Há um maravilhoso templo interior, de vastidão desconhecida, que nos acolhe e embevece o nosso olhar. Toda vez que o visitamos, compreendemos o sentido de estarmos unidos a tudo, numa teia de vida infinita. A contemplação com a Alma nos preenche com os significados mais profundos que buscamos para a vida. O silêncio, na mente e no coração, abre as portas e as janelas do templo no qual o nosso encontro com Deus já está marcado.

A luz da contemplação ilumina os meus dias e me enche da alegria de viver.

O ANJO DO DISCERNIMENTO

É preciso saber peneirar cuidadosamente tudo aquilo que chega aos borbotões em nossa consciência. Às vezes, junto com as pepitas de ouro, vem o lodo ou outros elementos para os quais não teremos uso nesse momento. É preciso peneirar com cuidado, dando direção e utilidade para cada coisa que nos chega. Ao permitir que os olhos da Alma detectem e reconheçam o que é verdadeiro e necessário agora, estaremos aptos a servir com o melhor de nós mesmos.

Exercito o meu discernimento para melhor servir ao mundo que me cerca.

O ANJO DA POESIA

A poesia traduz em palavras precisas aquilo que a Alma do poeta vê. E quando a palavra é um instrumento a serviço de Deus, surgem as profecias. Todo poeta verdadeiro é um profeta cujo compromisso é com a revelação de verdades eternas. O saber nos chega em versos, o verbo rimando com o sujeito de cada ação que somos convidados a realizar. Comunicar a presença da Alma é a forma mais pura de poesia.

Minha vida é o poema cujas rimas
e ritmo estou sempre a escolher.

O ANJO DA DISCIPLINA

O convite do Anjo da Disciplina é para que jamais desistamos de aprender. O aprendizado de uma Alma não tem fim; cada lição aprendida abre novas portas e janelas para visões e possibilidades que ainda não foram sondadas. Mestre e discípulo são partes de uma união indissolúvel, na qual quem ensina aprende e quem aprende pode ensinar. A verdadeira disciplina nos leva a aceitar e a espalhar os ensinamentos que curam todo o sofrimento de quem se viu afastado dos caminhos do Amor.

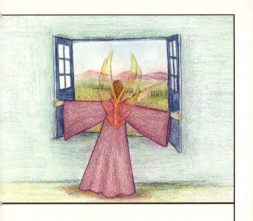

Estou disposto a me disciplinar para aprender a amar e a servir ao mundo.

O ANJO DO CARISMA

Quando percebemos o dom divino, que é dado a cada um de nós, para que manifestemos a glória de Deus e de seus Anjos, estamos expressando o nosso carisma. Pela palavra, pelo gesto generoso, em qualquer situação, o Espírito divino pode encontrar um meio de expressão e nos colocar na posição de quem compartilha sua graça, livremente. O carisma é o nosso selo de autenticidade, uma espécie de visto de permissão dado pela Alma, para que possamos entrar no coração de toda criatura.

Sinto-me bem-vindo no coração
de quem encontro pela graça
do Espírito divino.

O ANJO DA SOLIDARIEDADE

Ser solidário é pôr à disposição da vida a soma total de todos os nossos talentos. A comunidade em que vivemos, a família que nos abençoa, são campos de ação e demonstração da solidez do nosso caráter. Quando a solidariedade está presente, os interesses comuns são atendidos com as nossas melhores qualidades humanas, pois já compreendemos o valor de um grupo unido. O amor ao próximo e a si mesmo formam uma roda perfeita e, de mãos dadas, giramos numa só dança.

Meu ser se realiza quando expresso a minha solidariedade.

O ANJO DA PREVENÇÃO

O Anjo da Prevenção chega antes e avisa que algo precisa ser feito, para evitar mal-entendidos ou uma ação indesejada. A expressão "prevenir é melhor do que remediar" foi inspirada pelo Anjo da Sabedoria e encarnada pelo Anjo da Prevenção. Ele nos convida a cuidar de algo que precisa de atenção: a saúde, pedir perdão, a verdade dita na hora certa, o que quer que precisa ser feito para nos prevenirmos de algo indesejável e que não precisaremos remediar mais tarde.

Estou sempre atento ao bem
que posso criar pelo exercício
da prevenção.

O ANJO DA CELEBRAÇÃO

Quando demonstramos imensa satisfação em ser parte de um plano perfeito e divino, todo gesto sincero e agradecido de nossa parte é uma forma de celebração. Precisamos celebrar a Vida, com seus ciclos de nascimento, morte e renascimento, e cada dia que nasce e que se completa com a presença de todos os seres e coisas que participam de nossas vidas. Notar a presença de Deus em tudo o que nos rodeia é o princípio que torna sagrada toda e qualquer celebração.

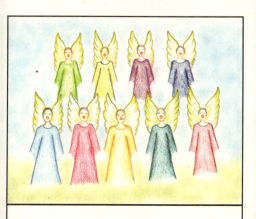

Celebro todos os dias a graça de ter o Dom da Vida.

O ANJO DA SOLIDÃO

Dar as boas-vindas ao Anjo da Solidão, para refletir e meditar, é querer compreender a essência de tudo que está à nossa volta. Isso não significa isolamento, mas uma escolha consciente de nos recolhermos para encontrar a Alma eterna que vive em nosso coração. Depois desse encontro, perceberemos que todo sentimento de separatividade e isolamento é uma ilusão. A solidão é bem-vinda, quando queremos marcar um encontro com Deus.

A solidão que me leva ao encontro de Deus me une a todos os seres.

O ANJO DA BEATITUDE

O bom, o justo e o belo são direitos divinos adquiridos ao longo de nossa caminhada como seres humanos. Seremos sempre abençoados com a capacidade de nos sentirmos imensamente felizes quando compreendermos plenamente a nossa herança. A liberdade do orgulho, a expressão de sentimentos puros, a ternura ao buscar a paz e a justiça divinas, iluminam o nosso caminho, onde estivermos.

Sou abençoado de muitas maneiras e irradio essas bênçãos para o mundo.

O ANJO DA CARIDADE

O Anjo da Caridade tem um coração humano. Suas asas o levam para perto de quem ainda não despertou para o amor. Ele nos acorda e nos mostra o pulsar do nosso coração; desperta-nos para a nossa capacidade de amar e de servir ao próximo. A necessidade é tão grande, de despertar, de nos doarmos, de fazer circular o bem entre todos. Agora, o nosso amor pela humanidade é tão grande que não imaginamos como podemos viver com um coração esquecido da caridade.

Expresso a caridade amando e agindo para o triunfo do bem.

O ANJO DO LOUVOR

O amanhecer traz o louvor dos pássaros que cantam para glorificar a Deus. A natureza inteira louva o Criador e demonstra os atributos de tudo o que foi criado com perfeição. Os Anjos não se cansam de cantar louvores e de enaltecer as qualidades divinas que podem encontrar expressão em cada coração humano. O louvor está no peito de cada um que se devota a amar e a servir, sem medo de ser feliz.

Quero cantar louvores ao Deus de Amor que me vivifica.

O ANJO DO SILÊNCIO

As palavras se calam para que possamos ouvir a voz da Alma. Ela nos transmite a necessidade de um silêncio meditativo que acolhe a nossa integridade. Silenciar é meditar para ouvir, ver e compreender a verdade que surge, vinda de todas as direções, dissolvendo as ilusões e deixando-nos sozinhos no vazio do silêncio. O Anjo do Silêncio vem e preenche o vazio com a única substância que tanto queremos experimentar, para nos curar de todos os medos: o Amor.

No silêncio da meditação, renovo as minhas energias diariamente.

O ANJO DA MÚSICA

A arte das musas precisa ser parte integral da vida para ampliarmos a nossa sensibilidade. Percebamos a melodia que estamos criando com os nossos pensamentos; ouçamos a harmonia de sons agradáveis que fluem de nossos sentimentos; vibremos com o ritmo do coração que nos mostra a cadência de uma vida a ser bem vivida. Que o Anjo da Música seja a musa orientadora que harmoniza as notas graves e agudas da nossa inconfundível melodia.

Canto e danço alegremente no meu caminhar pela vida. O Espírito de Deus vibra em mim.

O ANJO DA PROVIDÊNCIA

Deus sabe, antes mesmo de pedirmos, tudo de que precisamos. Ele providencia para que tenhamos o que pedimos do jeito que é melhor para nossas vidas. O mais importante é lembrar que na nossa jornada estamos sempre recebendo o que precisamos. Basta prestar atenção às diferentes maneiras como tudo é providenciado. Pode não ser como queremos agora, mas será perfeito se dissermos: "Que a vontade de Deus se faça através de mim."

Confio plenamente na
providência divina.

O ANJO DA MOTIVAÇÃO

Ao agir motivados pela Alma, a mente e o coração olham numa mesma direção. Tudo o que é necessário para causar um gesto harmonioso, um pensamento positivo e despertar a emoção que vibra e dá o colorido necessário já se encontra no íntimo da nossa consciência. O incentivo divino que precisamos já habita e se move por todo o nosso ser. O motivo para a ação está tão claro e belo: que formamos com o Anjo uma unidade indissolúvel.

Deus em mim é o incentivo que move a minha vida.

O ANJO DA RESSURREIÇÃO

O calmo dia, a bela rosa, a doce primavera hão de morrer e renascer em ciclos infinitos. Morte e renascimento são os ritmos da dança da Vida, que ressurge e amplia o movimento espiralado, em passos precisos. Ao ressurgir para a Vida Abundante, cada ser que desperta no Amor jamais se esquecerá de sua eternidade. O Anjo nos estende a mão para que lembremos que a morte é um arco de passagem, celebrando o triunfo do Espírito divino que não tem começo nem fim.

Vejo ressurgir em mim a alegria de viver eternamente.

O ANJO DA
INTERCONECTIVIDADE

Os fios da vida estão unidos num único tecido. Tudo o que vive está interligado numa teia na qual os significados de cada gesto, pensamento e sentimento vibram e tocam tudo e todos. O que está conectado na Terra é um reflexo das conexões feitas no Céu. Os vínculos de cuidado e respeito que formamos com cada ser criam o tecido de um amor coerente e forte. A síntese de nossas diferenças e da bela diversidade que formamos é a realidade da nossa interconectividade.

Sou como um fio forte e luminoso na teia da vida.

O ANJO DO DIÁLOGO

Sempre que o Anjo quer que uma mensagem flua através da nossa consciência inicia-se um diálogo. O significado da mensagem é compreendido e um intercâmbio entre o Reino Angélico e o Reino Humano acontece. O elo desse intercâmbio é a palavra e seu sentido sagrado sendo veiculado para criar a mais clara e completa comunicação entre dois ou mais seres. A mente sabe o que o coração sente; o coração sente o que a mente sabe e, juntos, dialogam para criar uma realidade sem divisões.

Dialogo diariamente com o Deus que me vivifica.

O ANJO DA REVELAÇÃO

Ao descobrir a verdade nós a divulgaremos. E, ao revelar-se, a verdade mostra a divina presença ao nosso lado. Toda revelação que vem de Deus transcende a nossa compreensão ordinária e tira a venda de nossos olhos. O amor revelado em nossa ação, a alegria revelada em nossa emoção e a paz revelada em nossa mente denotam que estamos vivendo a vida com os sentidos luminosos da Alma. Sem os véus da ilusão, podemos compreender o que Deus tem a nos dizer.

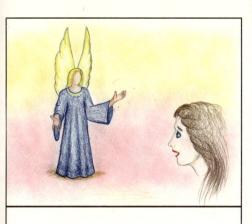

Revelação! Sou uma eterna criança divina, nutrida e amada por Deus.

– 81 –

O ANJO DA CONSERVAÇÃO

Ao conservar a energia sagrada e divina com que fomos abençoados, aprendemos a nos resguardar e a nos defender da degradação e do desperdício. No ato de conservar, aprendemos a usar e a respeitar as dádivas da Mãe Natureza. Ao cuidar para que os fios na teia da vida não sejam danificados, nos protegemos de uma decadência auto-imposta. O Anjo da Conservação preserva na nossa consciência o verdadeiro sentido de estarmos "sãos e salvos", no corpo e na Alma.

Conservo em mim a memória
da minha origem divina.

O ANJO DA
SINCRONICIDADE

O Anjo da Sincronicidade traz o sentido perfeito, que chega na hora certa, no lugar mais apropriado, para demonstrar o amor de Deus por todas as criaturas. Tudo faz sentido, tudo é abençoado num instante de sincronicidade. O Anjo soa as cordas da lira que faz parar o tempo linear; o tempo divino marca o encontro e cria a epifania que jamais será esquecida. A coincidência divina que uniu o tempo e o espaço está aqui para nos abençoar com uma dádiva. Vamos recebê-la.

Nos momentos de sincronicidade, vejo as dádivas com que a minha Alma me presenteia. Sou feliz!

O ANJO DA TRADIÇÃO

Ao entregar ao outro o que temos de melhor na nossa história, estaremos dando continuidade à tradição de servir e amar ao próximo como a nós mesmos. A continuidade da confiança mútua se estabelece e todos se beneficiam com a lembrança do que deve ser preservado para as futuras gerações. Um gesto, uma palavra, um rito que celebrem a tradição de amar ao Deus vivo em cada criatura, cura a dor do esquecimento e reaviva as verdadeiras ligações.

Estou a serviço da tradição que celebra o triunfo do amor.

– 87 –

O ANJO DO CRESCIMENTO

Tudo cresce a partir de uma semente que contém o potencial do ser inteiro. E o ser, na sua inteireza, contém infinitas sementes. Quando essas se rompem, o crescimento não terá fim — a multiplicação dos pães e dos peixes, pelo poder de sementes benditas de fé, esperança e caridade, é o testemunho mais claro dos mistérios de Deus. Quem tem a semente da fé em si verá crescer a esperança e florescer a caridade.

Cresce em mim, a cada dia, a flor da minha bela Alma.

O ANJO DA VIAGEM

A viagem pode ser para dentro de si mesmo, para um país distante ou para a cidade mais próxima. Uma travessia se faz necessária, num movimento que leve a Alma até o seu destino mais benfazejo. O barco, o avião, o carro, a imaginação, todos levam o viajante ao encontro daquilo que já está vindo para encontrá-lo; e, ao encontrar-se consigo mesmo nessa jornada, a alegria será redobrada. Nesse lugar, estarão todos os que vieram para celebrar a vida de mais um que chegou ao seu destino.

Estou protegido para viajar pelos caminhos da vida.

O ANJO DA NUTRIÇÃO

Quando a consciência se nutre da essência luminosa que a tudo permeia, o corpo e a mente se tornam sãos. A cura é sempre possível quando nos nutrimos para conservar o vigor do espírito que anima o nosso corpo. O pão nosso de cada dia nos é dado e vemos brotar e crescer o que temos de melhor. O alimento material e o espiritual se combinam para nos dar a verdadeira nutrição. Pensamentos, emoções e ações inspirados pela Alma nutrem não só a nossa vida, mas a de todas as formas que a divindade criou.

Sinto-me revigorado
ao nutrir-me da
Luz de minha Alma.

O ANJO DO TEMPO

O tempo do sol, o tempo da eternidade, o tempo dos seres humanos e dos Anjos. Cada tempo é marcado num ritmo que lhe é peculiar, cada um respondendo a uma vibração diferente. Estar no tempo certo de plantar ou de colher denota a nossa atenção para com os ritmos da vida. Se temos muito tempo, ou não temos tempo algum, o Anjo não se perturba nem se espanta — ao nosso lado, seu tempo de proteger é marcado pela eternidade. O importante é estarmos *presentes*, em qualquer tempo.

Estou sempre presente no fluxo
do tempo de agora.

O ANJO DA SIMETRIA

O ego e a Alma formam uma bela simetria, como as duas partes de uma semente pronta para germinar. Como a semente inteira é divina e graciosa, cada parte é simetricamente perfeita nessa mesma graça e divindade. Ao meditar sobre a nossa integridade, lembramos que nossas proporções são regulares e perfeitas na mente de Deus. Nessa nova simetria, o ego precisa de sua parte Alma e a Alma precisa de sua parte ego, para que se transformem na verdadeira Árvore da Vida.

Sou criado na simetria
perfeita de partes diferentes
que se harmonizam.

– 97 –

O ANJO DA PAIXÃO

Conhecer a paixão é conhecer a nós mesmos na face do Ser Amado. Sabemos que haverá uma última ceia e que ainda sofreremos por nos sentirmos separados do Amor. Mas o entusiasmo devoto da paixão nos leva a conhecer a verdadeira entrega, e provamos do pão e do vinho no banquete da vida. O sofrimento de nos sentirmos separados se deixa morrer e, em seu lugar, vivemos o deleite de ressuscitar para uma identidade nova, unidos ao Ser Amado.

Com paixão, posso sentir a razão do meu viver.

– 99 –

O ANJO DA VISÃO CLARA

A visão clara une o subjetivo com o objetivo, o claro com o escuro, o que está acima com o que está abaixo. Ver o que está dentro de si e o que está fora, como se fossem uma só visão, é tarefa que a nossa Alma se deleita em realizar. Quando a visão clara nos visita em meditação, ou simplesmente nos faz uma surpresa, compreendemos o como e o porquê de nossas indagações. A razão e os sentimentos se aliam, trazendo luz para todas as cores e formas de nossas melhores intenções.

Com a visão clara, posso ver como sente a minha razão e o raciocínio dos meus sentimentos.

– 101 –

O ANJO DA MISSÃO

Somos missionários a serviço do Amor Maior. Nossa missão é fazer chegar a sua mensagem às pessoas certas, nos lugares certos. A mensagem é uma só: "Amar e respeitar uns aos outros." Esse é o chamado para expressar a nossa verdadeira vocação e, a cada passo dado, descobrirmos os detalhes do plano de Deus para a nossa vida. Ao sermos enviados em missão de amor, cada gesto consciente é como um ato solene que celebra e respeita a vida, em todas as suas manifestações.

Minha missão mais importante é amar e celebrar a vida.

– 103 –

O ANJO DA EMERGÊNCIA

A árvore que ainda vai ser emerge da semente; a criança pronta para nascer, do útero materno; um sentimento de amor verdadeiro, do coração; a idéia iluminada, da mente tranqüila. De um mar de inconsciência emerge a consciência mais luminosa, e se manifesta na espontaneidade da criança, na aspiração do jovem, na ação criadora do adulto, na contemplação do ser maduro. O que emerge de bom, belo e justo em nós tem urgência para se espalhar e se multiplicar pela vida afora.

Sinto a emergência do bem que eu quero para mim e para todos.

O ANJO DA RESTAURAÇÃO

O que foi rompido é restaurado, o que foi ferido é curado, o que está doendo é devolvido à sua condição de inteireza. A paz de Deus, quando restaurada na mente e no coração humanos, renova as esperanças de quem viu a tempestade passar. Eis que o que estava pronto para partir se foi e o que nasce vem renovar a face do Céu e da Terra. O tempo da restauração traz o dom de renovar-se continuamente. Agora é o tempo de confiar no Espírito Divino que a tudo faz crescer e prosperar.

Vejo restaurar-se em mim a confiança inabalável de seguir adiante.

O ANJO DA CALMA

Os nervos relaxam, os músculos se aquecem para sossegar e o medo se dissolve da mente que está calma. Livre das agitações e da excitação mental causada por estímulos externos, a Alma se acalma no peito de quem respira e medita para começar o dia. A presença de um estado de calma é o presente para quem se dedica ao cultivo de atitudes positivas. Meditar e favorecer o silêncio na mente é a garantia de uma vida sem *stress*, tendo o tempo como um grande aliado.

A calma é minha aliada em todos os momentos da vida.

O ANJO DO SONHO

Quando temos um sonho, devemos criar um campo de fé para que ele se realize. Ele pode surgir na inocência da nossa criança eterna, pode nos visitar na fértil imaginação adolescente ou pode encher os nossos olhos enquanto amadurecemos para a vida. Esse campo que criamos é feito das sutilezas que o olhar de nossa Alma registra para nos lembrar que todo sonho pode se tornar realidade. O mundo está sendo criado a partir dos visionários que, corajosamente, dizem: "Eu tenho um sonho..."

O que eu sonho em parceria com a Alma torna-se realidade.

O ANJO DO DESPERTAR

Existem muitas maneiras de despertar. Há o despertar do corpo, o despertar das nossas emoções e dos pensamentos que pedem a nossa atenção. À medida que acordamos para o sentido desses níveis do ser, compreendemos o que viemos fazer na Terra. Quando o nosso "eu humano" acorda para perceber que formamos uma unidade com o "eu divino", imediatamente despertamos para o propósito de estarmos no mundo. Só então podemos dizer que estamos "despertos".

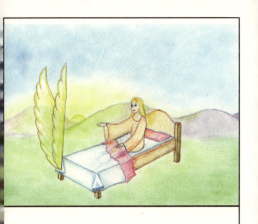

Desperto com a luz do sol interior
que brilha através de mim.

O ANJO DA BUSCA

A busca vai nos levar para além dos territórios familiares e nos fazer dar a grande volta. O buscador dentro de nós quer encontrar o que parece estar perdido, ou encontrar-se face a face com a Alma, numa dimensão distante. Viajar pela estrada espiral da vida, sair do lar conhecido em direção ao desconhecido faz parte do destino de quem busca o encontro consigo mesmo. Navegar é preciso pelos oceanos da consciência e aportar na Terra do Amor Sem Fim.

A busca marca o meu
encontro com o que está vindo
ao meu encontro.

ANJO DA INOCÊNCIA

Diante da inocência, o conhecimento se desmancha. Ela nos diz que não podemos saber tudo, enquanto a ignorância afirma que é possível tudo saber. Em sintonia com ela, queremos estar livres do julgamento do certo e do errado, do belo e do feio, mas dar um passo adiante como quem está aprendendo a andar. Como aprendizes eternos, cantamos canções de inocência para celebrar o que há de mais precioso em cada ser. Todos os "começos" são possíveis por causa da inocência.

A inocência me protege para
seguir sempre em frente,
sem medo de errar.

O ANJO DA EXPERIÊNCIA

A experiência mais importante é aquela que dissolve o medo de conhecer-se a si mesmo. Cada tentativa é um tento que afasta o perigo da ignorância e do isolamento, num mundo onde todos participam e partilham aprendizagens. Quem gosta de aprender ganha a experiência de viver a vida segundo a lei do Amor. E a experiência de vida de cada um contém o saber *ser*, o poder *fazer* e o querer *ter*, de um jeito que todos gostam de experimentar.

Todas as minhas experiências me ensinam sobre os caminhos do Amor.

O ANJO DA FORMA

No universo de Deus, tudo o que é visível tem uma forma, embora nenhuma caiba em uma fôrma predeterminada. Toda forma se move e se transmuda em átomos que ocupam o tempo e o espaço, onde ondas de matéria se enchem de partículas divinas. A beleza e o sentido com os quais podemos preencher as formas que compõem a nossa vida mudam com o olhar de quem as contempla e se vitalizam com o toque de quem as abençoa e agradece a sua existência.

Estou sempre disposto a revelar a essência das formas que estão na minha vida.

O ANJO DA EXATIDÃO

O momento exato, a medida exata, a palavra dada no acordo que põe fim às incertezas... Precisamos da exatidão quando os pequenos detalhes fazem a grande diferença. Para que tudo funcione corretamente, sem o perigo da desatenção, precisamos ser exatos em nossas medidas, ao usar recursos que se esgotam, ou quando uma simples gota d'água é o suficiente para provocar uma inundação. Agir com exatidão é saber respeitar nossos limites diante do Grande Mistério.

A exatidão é a medida certa que me protege de qualquer desperdício.

O ANJO DA APRECIAÇÃO

Apreciar uma pessoa, um objeto ou uma situação é saber ver e expressar o que de mais precioso elas nos oferecem. Quando sabemos apreciar, despertamos o ânimo, elevamos a estima, e a energia amorosa circula abundantemente para todos. A apreciação surge do olhar de quem ama e percebe o significado de tudo, na vasta paisagem entre o Céu e a Terra. Valorizar o que temos de melhor e agradecer a contribuição única que cada um oferece é um ato que liberta e cura.

Aprecio e agradeço as dádivas
de ser quem sou.

O ANJO DA VIRTUDE

Estamos cheios da virtude quando sentimos o vigor da Alma a nos inspirar ações que criam o que é excelente. A excelência é o presente que recebemos como resultado de atos que beneficiam as partes e o todo, segundo suas autênticas necessidades. O homem e a mulher virtuosos dão a permissão para que seu potencial humano se alie ao seu potencial divino, e por isso a graça e o milagre se tornam visíveis.

A maior virtude é expressar a
minha natureza humano-divina
em tudo o que realizo.

O ANJO DA PROFECIA

A vontade de Deus para a nossa vida está escrita no espaço silencioso entre o inspirar e o expirar. Mas é preciso saber escutar para compreender e traduzir, em palavras, as revelações que nos conduzem ao nosso propósito. Quando falamos inspirados pela Alma, nossos enunciados são como verdadeiras profecias. Elas nos chamam para prestar atenção ao que podemos criar com o poder da palavra e ajudar a manifestar o plano divino sobre a Terra.

Medito para ouvir a voz e a sabedoria do Bem-Amado no meu coração.

– 129 –

O ANJO DA PROSPERIDADE

A prosperidade nos torna fortes e nos favorece para que nos saiamos bem em qualquer atividade. Diante de qualquer situação, sabemos que vamos conseguir o que a nossa Alma mais deseja, pois tudo é auspicioso no caminho de quem sabe dar e receber na mesma medida. O bem-estar físico, emocional, mental e espiritual que sentimos faz com que tudo vá dando certo, sem acumular ou faltar. Quando nos sentimos prósperos, bênçãos divinas são semeadas abundantemente em nossas vidas.

Sinto-me próspero e seguro, quando posso dar e receber em abundância.

O ANJO DA LEI

Toda lei é para ser seguida ou transcendida, jamais transgredida. Quem segue a lei aprende e evolui. Quem a transcende, sabe segui-la e se autogovernar para ir além de seus limites. Como um pássaro que transcende a lei da gravidade, relacionando seu peso e aerodinâmica ao ar, o ser humano voa com asas de Anjos quando relaciona o seu eu humano com o seu eu divino. A lei deixa de ser uma autoridade que nos controla de fora, e passa a ser um princípio que nos vivifica por dentro.

Sigo a Lei do Grande Amor
que me ama e ao meu próximo
como a "Si Mesmo".

O ANJO DO PRESENTE

Estejamos aqui e agora. O agora é aqui, neste momento presente, o único instante no qual tudo pode acontecer ou deixar de acontecer. Estamos prestando atenção? Estamos percebendo neste exato instante o que se passa? Estamos nos sentindo na presença do Deus que nos ama eternamente? No silêncio fecundo deste momento recebamos o eterno presente da nossa existência.

Estou sempre atento e agradecido às dádivas que o presente me traz.

O ANJO DO FUTURO

O tempo que há de vir para uma borboleta que ainda está no casulo... A visão de um visionário que enxerga o futuro no presente... O sonho que se guarda no peito com a fé que o torna realidade... O futuro contém o presente para quem sabe esperar a hora certa de agir, para colher os frutos suculentos e maduros a que tem direito.

As decisões que tomo hoje desenham o meu futuro.

O ANJO DO PASSADO

Os passos que foram dados, o portal que se cruzou e eis que completamos um ciclo. O tempo que passa para a criança é o mesmo que passa para o ancião. A Alma dentro de cada um vive no eterno — seja no corpo de quem tem oito anos ou de quem já viveu 80. E, assim, o passado é uma ponte que atravessamos, como num passatempo, enquanto nossa Alma passeia pelos aprendizados que nos ensinam sobre a eternidade.

Agradeço, reverencio e solto tudo o que já passou.

O ANJO DA PRESENÇA

Há sempre um Anjo presente, além do tempo e além da vida e da morte. Ele guarda na memória o que somos em essência; ele protege a nossa forma, para que caibamos nela e cumpramos o nosso destino humano-divino. O espaço que ocupamos e o tempo que compartilhamos se desfazem quando podemos, enfim, estar diante de sua presença. Com esse aliado ao nosso lado, a aventura de viver se transforma na verdadeira busca e no encontro com a bem-aventurança.

O Anjo da Presença guarda a minha vida. Sinto-me amado e protegido.

O ANJO DA ANUNCIAÇÃO

O mensageiro veio anunciar que a mais elevada vibração do Amor encontrou um lugar no seio da humanidade. E porque o Anjo proclamou aos quatro ventos e disso não fez segredo, cada ser humano sabe que o Amor está nascido na caverna do seu coração. Embora o Anjo tenha anunciado, cumpre a cada um cuidar do recém-nascido e mostrá-lo ao mundo, em atos e gestos que iluminam a face do Amor Criança e curam o mundo.

Sinto a presença transformadora do Amor que nasceu no meu coração.

Apêndice

ALGUMAS CITAÇÕES SOBRE
O REINO ANGÉLICO

"Amar pelo bem de ser amado é próprio do ser humano, mas amar pelo bem do amor é próprio dos Anjos."

— Alphonse de Lamartine
poeta francês, 1790-1869.

"Os Anjos são aspectos de Deus que nos tocam de maneiras misteriosas e sutis e em muitos níveis da mente. São mensageiros divinos que podem transformar nossas atitudes, mudar nossos padrões de pensamento e renovar nossos ideais, se nos abrirmos aos seus cuidados."

— Harvey Humann (Em *Anjos — Mensageiros da Luz*, de Terry Lynn Taylor, Editora Pensamento, São Paulo, 1991.)

"Milhões de seres espirituais caminham invisíveis sobre a Terra, tanto quando dormimos como quando estamos acordados."

— Milton (Em *Anjos — Mensageiros da Luz*, de Terry Lynn Taylor, Editora Pensamento, São Paulo, 1991.)

"Deus é amor. À medida que a Sua criação se torna mais consciente, expressa um amor cada vez maior. A essência da vida, não importa em que nível de consciência, é amor. A vida se torna mais perfeitamente ela mesma quando circundada de amor. Isso é verdadeiro para todos os níveis de existência. A maior contribuição que a humanidade pode dar à vida neste planeta é amar conscientemente e, assim, trazer mais vigor, saúde e beleza para a vida."

— Anjo da Paisagem (Em *Comunicação com os Anjos e os Devas*, de Dorothy MacLean, Editora Pensamento, São Paulo, 1986.)

"Seu desafio é o de despertar do encanto da matéria, ao mesmo tempo que ainda retém as formas humanas que você reuniu em torno de si durante sua descida para este mundo físico. Nossas legiões estão aqui para incentivá-lo e apoiá-lo."

— *A Estrela-Semente*, de Ken Carey,
Editora Cultrix, São Paulo, 1991.

"Dentro de você dorme a visão criativa que iluminou pela primeira vez o espaço dimensional. Dentro de você, o Criador de Estrelas se agita no limiar do despertar. Seu ego não irá dissolver-se nesse despertar; seu ego ascenderá para a compreensão iluminada de sua parceria co-criativa com o Eterno Ser no qual este universo se condensa. Você já está se movendo pelas correntes do pensamento eterno e, à medida que flui com esse pensamento, ele volta a ser seu. Você volta a lembrar."

— *A Estrela-Semente*, de Ken Carey,
Editora Cultrix, São Paulo, 1991.

Índice

O Anjo da Oportunidade	16
O Anjo do Sucesso	18
O Anjo da Decisão	20
O Anjo da Noite	22
O Anjo da Manhã	24
O Anjo da Palavra Correta	26
O Anjo da Ação Correta	28
O Anjo do Viver Correto	30
O Anjo da Percepção Correta	32
O Anjo da Concórdia	34
O Anjo do Destino	36
O Anjo da Escuta	38
O Anjo da Magia	40
O Anjo da Contemplação	42
O Anjo do Discernimento	44

O Anjo da Poesia 46
O Anjo da Disciplina 48
O Anjo do Carisma 50
O Anjo da Solidariedade 52
O Anjo da Prevenção 54
O Anjo da Celebração 56
O Anjo da Solidão 58
O Anjo da Beatitude 60
O Anjo da Caridade 62
O Anjo do Louvor 64
O Anjo do Silêncio 66
O Anjo da Música 68
O Anjo da Providência 70
O Anjo da Motivação 72
O Anjo da Ressurreição 74
O Anjo da Interconectividade .. 76
O Anjo do Diálogo 78

O Anjo da Revelação 80

O Anjo da Conservação 82

O Anjo da Sincronicidade 84

O Anjo da Tradição 86

O Anjo do Crescimento 88

O Anjo da Viagem 90

O Anjo da Nutrição 92

O Anjo do Tempo 94

O Anjo da Simetria 96

O Anjo da Paixão 98

O Anjo da Visão Clara 100

O Anjo da Missão 102

O Anjo da Emergência 104

O Anjo da Restauração 106

O Anjo da Calma 108

O Anjo do Sonho 110

O Anjo do Despertar 112

O Anjo da Busca 114
O Anjo da Inocência 116
O Anjo da Experiência 118
O Anjo da Forma 120
O Anjo da Exatidão 122
O Anjo da Apreciação 124
O Anjo da Virtude 126
O Anjo da Profecia 128
O Anjo da Prosperidade 130
O Anjo da Lei 132
O Anjo do Presente 134
O Anjo do Futuro 136
O Anjo do Passado 138
O Anjo da Presença 140
O Anjo da Anunciação 142